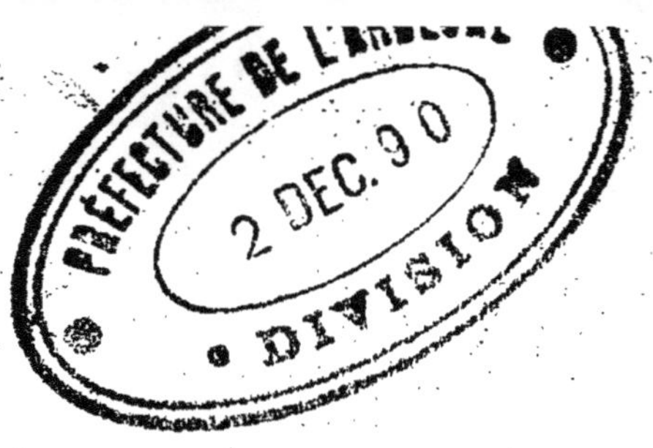

LA FRANCE

ET

L'ITALIE

La France

ET

L'Italie

LA FRANCE

ET

L'ITALIE

Quels sentiments n'éveillent pas ces deux mots réunissant deux peuples issus de la même race, dont le sang s'est mêlé depuis un siècle sur les champs de bataille immortels quoique momentanément voilés, de Marengo, Magenta et Solférino, pour la plus grande gloire de tous les deux, pour le plus grand profit de l'Italie surtout, il faut le dire.

Comment de ces faits déjà éloignés, mais que l'impartiale histoire fait revivre à nos yeux comme s'ils dataient d'hier, peut-on déduire les relations actuelles entre les deux Etats ? C'est ce qu'il convient de rechercher.

Jamais malentendu plus énorme et moins justifié n'a surgi entre deux peuples créés pour s'entendre, et cela par l'ambition et la haine de deux ministres italiens, le comte de Robilant et M. Crispi.

Il semblait qu'après la formation du nouveau Royaume par l'imprévoyant Napoléon III, ce jeune Etat ne dût avoir qu'un objectif : la neutralité absolue.

Administrer, coordonner ces éléments divers qui s'étendent des Alpes à la mer Ionienne, être le foyer des arts, l'hôte du monde entier, s'enivrer de la paix, concilier le pouvoir des rois d'Italie avec le pouvoir temporel et spirituel du Pape, ce géant de l'univers ; tel semblait être pour longtemps le rôle de l'Italie, et certes il était assez beau pour qu'elle s'en contentât sans déchoir. Ce n'était pas la France qui devait songer à entraver cette œuvre de patience appelée à être si féconde en résultats.

Occupée à réparer ses désastres, à reconstituer son armée, n'ayant l'œil ouvert que sur sa frontière du Nord-Est, la France n'avait à demander à l'Italie que deux choses : une juste réciprocité dans ses relations de toute nature, et la reconnaissance de la souveraineté du Saint-Père, partant sa liberté effective. Ses désirs étaient sur ce point ceux de toutes les puissances, et j'ajoute d'une grande partie du peuple italien.

L'Italie raisonnable sait fort bien que le Pape est sa gloire, son honneur, sa richesse, et qu'elle ne lui doit pas seulement la sécurité, mais la liberté ; le dernier anniversaire le lui aurait prouvé si elle l'avait ignoré,

Ce ne sont pas les énergumènes qui ont érigé la statue de Giordano Bruno avec la complicité de M. Crispi, qui nous démontreront le contraire.

Mais pour tout ceci il fallait à l'Italie un grand homme d'Etat, jouissant d'un grand renom et d'une autorité incontestée : elle ne l'a pas encore mis en évidence depuis la mort du comte de Cavour. Le génie italien nous permet d'affirmer qu'il existe.

Séparée de l'Italie par des frontières naturelles qui ne sauraient être désormais modifiées, mais rattachée à elle par des intérêts économiques et commerciaux de la plus grande importance, attirée par des affinités de race, *la France n'attaquera jamais l'Italie*.

Par quelle aberration et quelle ingratitude, l'Italie fait-elle partie de la triple alliance dirigée contre la France ? Par quelle contradiction monstrueuse est-elle aujourd'hui nominalement l'alliée de son ennemie séculaire, dont les dépouilles lui ont été remises par les mains et au prix du sang généreux de la France ?

A cette heure solennelle où le moindre conflit peut amener l'égorgement d'un million d'hommes, il est du devoir des peuples de rétablir les situations et de démasquer les coupables qui les troublent et les soulèvent les uns contre les autres. C'est du patriotisme bien entendu.

Le peuple italien qui réfléchit ne veut pas faire la guerre à la France, et le malentendu actuel, la participation de l'Italie à la triple alliance, est l'œuvre tortueuse de M. Crispi, successeur du comte de Robilant, agents tous deux et jouets inconscients du grand chancelier allemand, notre mortel ennemi.

M. de Robilant, par ambition militaire ; M, Crispi par haine de la France, ont successivement rêvé de nouvelles Vêpres, espéré pouvoir cueillir de nouveaux lauriers sous l'égide de la puissante Allemagne.

C'est pour eux que les fabulistes ont fait la grenouille

qui veut se faire aussi grosse que le bœuf, et le serpent et la lime.

Heureusement l'Italie ne se compose pas exclusivement de gallophobes. A Milan, à Venise, à Turin, on se souvient que grâce à la France on a secoué le joug autrichien, qui était alors le joug allemand, et l'on n'a pas tout-à-fait oublié les oppresseurs et les libérateurs.

A Bologne, à Ancone, à Gênes, à Pise, à Florence, à Rome, un peu à Naples, on vit fréquemment dans le commerce de la France. C'est au sentiment de ces villes diverses qu'il faut s'adresser pour avoir une opinion exacte de la résultante du sentiment italien, j'en appelle au député Cavalotti et à tant d'autres.

M. Crispi, secondé par quelques militaires avides d'aventures, a su un moment faire illusion à un grand nombre. On promettait de donner, dit-on, à l'Italie, Nice et la Savoie, la Corse encore, peut-être la Tunisie et l'Algérie. Tel était, disait-on partout, le prix d'une simple démonstration sur les Alpes qui immobiliserait au profit de l'Allemagne une armée française. Les lauriers étaient prêts, on n'avait qu'à les cueillir. Plus tard on voulait davantage : une coopération sur le Rhin en se faisant jour à travers la Suisse.

Mais traverser la Suisse, pays neutre, et qui défendra sa neutralité jusqu'au dernier homme, n'est point chose facile. Il n'est pas présomptueux d'affirmer que la Suisse arrêterait une armée italienne, malgré son incontestable valeur.

Tous les beaux projets des gallophobes s'en vont donc à vau-l'eau.

Dans son empressement à hâter une rupture, M. Crispi

a commis en outre contre l'Italie un acte dont il lui sera particulièrement demandé compte. Il a dénoncé le traité de commerce avec la France, et précipité son pays dans une crise épouvantable qui a amoncelé les ruines en Italie.

Aussi la France est-elle amplement justifiée de ne pas vouloir renouveler de traités tant que M. Crispi sera à la tête du Gouvernement italien.

Le jour où cet homme tombera du pouvoir sous la malédiction de ses concitoyens, sera pour l'Italie un jour de délivrance. Le vrai colosse a disparu inopinément en Allemagne ; le comparse aux pieds d'argile le suivra avant qu'il soit longtemps. Naples vient de le lui signifier brutalement.

Ce jour inaugurera, il faut l'espérer, l'avènement d'un homme d'Etat de grand sens et de grand patriotisme, profondément dévoué à son Roi, ancien compagnon d'armes de Victor Emmanuel qu'il a suivi après l'annexion de la Savoie ; j'ai nommé le comte de Ménabréa, m^{is} de Val dora, ambassadeur d'Italie à Paris, adversaire déclaré de la politique crispinienne. Alors nous assisterons à l'exclusion du parti systématiquement antifrançais, et au retour d'une politique de neutralité nécessairement conforme aux intérêts de l'Italie.

La politique antifrançaise de M. Crispi reste sans compensation pour l'Italie à laquelle elle impose des armements ruineux : ce qui fait désirer à ce ministre une action de la triple alliance en faveur du désarmement. Il compte que devant le refus justement assuré de la France, la guerre pourrait être avancée, et qu'elle serait imputable à la France. Ce sont des roueries et non de la saine politique, le peuple italien n'en serait pas dupe.

En cas de guerre, une attaque de l'Italie contre la France ou même une simple démonstration hostile peut être suivie de revers terribles pour l'armée et pour la flotte italienne, sans parler de la ruine possible des établissements militaires et des ports italiens. Tout ceci donnait bien à réfléchir, et on a réfléchi sérieusement en Italie. S. M. le roi Humbert avait pu être séduit un instant par la perspective de reprendre la contrée qui avait donné le jour à sa race. Mais il a dû se rendre compte, en premier lieu, que cela ne lui serait pas facile, ensuite que la Savoie, comme Nice, étaient définitivement françaises, et qu'elles n'avaient plus d'autre lien avec l'Italie que des relations de bon voisinage, leurs intérêts matériels étant tous et pour toujours avec la France.

Le bruit s'est accrédité aussi que le Roi a été fort impressionné par les paroles que son frère, le duc d'Aoste, aurait, dit-on, prononcées à son lit de mort : *Surtout pas de guerre avec la France, notre père ne l'eût jamais faite*. Ces paroles sont très vraisemblables. Nature ouverte et généreuse, le duc d'Aoste avait la mémoire des services rendus.

J'ai présente à mon souvenir l'impression que j'éprouvai un jour à la gare de Chambéry en considérant les deux jeunes princes que je saluais à leur départ pour Turin avec leur précepteur. A cette époque leur destinée ne s'était pas encore élargie par la conquête. Ils étaient simples princes de Savoie et Piémont. Le prince Humbert était sérieux et triste, le prince Amédée ouvert et enjoué. En me rappelant leur attitude et leur physionomie, j'ai mieux compris plus tard les diverses phases de leur vie.

La carrière indépendante et aventureuse du prince Amédée, lui avait donné un grand sens politique, et on le disait très affecté de la tournure des affaires d'Italie.

Le Roi qui aimait beaucoup son frère, semble depuis lors avoir donné à sa politique personnelle une orientation différente de celle de son ministre. C'est ainsi qu'il a cru devoir envoyer à Toulon un ambassadeur extraordinaire saluer le chef de l'Etat français, démarche qui lui aurait été rendue par la flotte française à la Spezzia, si M. Crispi n'y avait pas mis obstacle par une machination nouvelle. On le dit de plus fort ému de la grande manifestation universelle en faveur du Pape avec lequel il voudrait se réconcilier — la croix de Savoie s'accommodant peu avec une rupture qui est un scandale. — Enfin on nous annonce que ces temps derniers, pendant les grandes manœuvres de l'armée italienne, il a visité le champ de bataille de San-Martino et de Solférino. Si le souvenir a parlé, le cœur se serait-il tu ?

Ce n'est un mystère pour personne que la politique antifrançaise et antipapale de M. Crispi n'est pas en faveur à la Cour.

La Reine Marguerite douée d'un esprit très pénétrant et d'un grand cœur, tient à l'écart un homme qu'elle estime un dangereux conseiller. D'autre part, il s'est formé dans les villes du nord de l'Italie une véritable ligue contre la triple alliance, et c'est de Milan surtout que le mouvement s'est propagé jusqu'à Naples ; de Milan où l'empereur Guillaume dans ses divers voyages en Italie, n'a jamais pénétré bien qu'il fût à la porte de cette grande ville, au château de Monza, l'hôte de la famille royale.

Enfin, on comprend bien en Italie que le marché de Paris est nécessaire au fond d'Etat italien et que s'il lui était fermé, ce n'est ni Londres ni Berlin qui le remplaceraient. De graves considérations financières s'ajoutent donc encore au sentiment qui s'est fait jour, éclairant enfin un patriotisme qui s'égarait.

L'opinion des hommes sérieux s'est en conséquence nécessairement accusée dans le sens de la neutralité, et cette opinion prévaudra à la chûte du ministère Crispi. Mais il importe pour faciliter l'accès de ce but d'écarter les mésintelligences et les froissements entre Français et Italiens, de faire pénétrer partout les idées de concorde et de paix, de rendre les intérêts connexes et de ramener ainsi la confiance réciproque qui n'a été troublée que par l'intrigue.

C'est un grand service à rendre à deux nations faites pour s'aimer.

L'Italie veut des colonies : que nous importe qu'elle s'étende librement sur le littoral oriental de l'Afrique, côte à côte avec l'Angleterre, nous contentant, de ce côté, de la grande île de Madagascar reliée à nos anciennes possessions. Assurons la reconnaissance de la Tunisie comme possession française, mettons fin à une compétition inventée par M. de Bismarck qui a prétendu replacer Rome en face de Carthage.

Si l'Italie avait consacré à ses tendances coloniales, les millions qu'elle a sans raison consacrés à un armement inutile, elle se trouverait dans une situation bien autre que celle que la triple alliance lui a faite. Et encore cette triple alliance ne l'est-elle que de nom sans l'être d'intérêts.

Le prince de Naples est-il allé à Vienne en revenant de Russie ?

L'empereur d'Autriche a-t-il rendu au Roi d'Italie la visite qu'il en avait reçue ?

Les irrédentistes conspirent-ils moins à Trieste et à Trente contre l'Autriche ?

Celle-ci n'est-elle pas déterminée à se défendre par tous les moyens contre des prétentions qu'elle n'admet pas ?

Contradictions et mensonges qui ne peuvent profiter qu'a l'Allemagne, et qui auront le sort de tout ce qui n'est ni naturel ni moral.

Et qu'adviendrait-il de la triple alliance si le jeune empereur Guillame II croyait sérieusement parvenir à s'entendre avec la Russie ? Le sacrifice serait bientôt consommé. Mais de ce que la Russie est l'amie de la France, s'en suit-il que l'Italie doive être son ennemie ? Nullement.

Que l'Italie profite donc de cette situation si enviable de n'être menacée par personne dans son honneur et ses intérêts, pour affirmer une neutralité inviolable qui est une alliance avec tous, pour améliorer sa condition intérieure, financière et coloniale.

Des traités franchement consentis lui assureront plus sûrement et sans sacrifices moraux et matériels les avantages qu'elle recherche.

Enfin qu'elle cède aux vœux de l'univers catholique dans ses relations avec le Souverain Pontife, et qu'elle accomplisse avec lui la réconciliation sincère qui sera le triomphe de sa politique.

Nous espérons ces résultats de la sagesse du Roi, de celle de la majorité de la nation, sagement dirigée par un ministre que la passion n'aveuglera pas.

M. Crispi déclare à qui veut l'entendre que l'adhésion de l'Italie à la triple alliance est un gage de paix. Le croit-il sérieusement ? Evidemment non, et ce langage n'est qu'un prétexte déplorable de persister dans ses errements.

Croit-il donc qu'en face d'une nouvelle affaire Schnaebelé par exemple, la considération de l'Italie armée entrerait pour quoi que ce soit dans les préoccupations de la France à se faire justice ? Que ferait-il alors ?

La première attaque qu'il tenterait contre la France serait réprimée de façon à ne pas laisser place à une nouvelle. Mais c'est à d'autres sentiments que nous faisons appel.

Nous croyons avoir prouvé que l'Italie n'a à redouter d'attaques de personne et de la France moins que de tout autre.

Nous croyons que la neutralité de l'Italie lui est commandée par sa situation et par ses intérêts immédiats.

Nous croyons qu'on ne répudie pas sans dommage un passé et des souvenirs qui obligent.

Nous croyons enfin que la nation est plus sage que son premier ministre qui ne sera pas éternel.

Et sans vouloir pénétrer les secrets de la Providence, nous croyons que l'Italie se dégagera avant peu de temps de liens plus dangereux qu'utiles.

Nous croyons qu'il se rencontrera un homme d'Etat courageux et honnête, capable de faire prévaloir la politique de neutralité et de conciliation.

Nous croyons enfin que la France doit saisir toutes les occasions de prouver à l'Italie son désir de relations étroites et cordiales dès qu'elle ne rencontrera plus en face d'elle la politique antifrançaise de M. Crispi.

Et si ces quelques lignes d'un Français, ami et admirateur de l'Italie de ses rêves, pouvaient contribuer pour quelque part à ce résultat, qu'elles soient accueillies comme un message de concorde et de paix.